Philippe Chavanne

PETITES LEÇONS D'ÉLÉGANCE POUR GENTLEMAN

LAROUSSE

SOMMAIRE

C'est un truand / Un gentleman / Un bon vivant / Étourdissant /
Jamais perdant / Toujours gagnant / L'Arsène

Jacques Dutronc, *L'Arsène*

DE L'ART D'ÊTRE UN GENTLEMAN

L'Arsène. Arsène Lupin. Un peu cambrioleur, mais si charmant. Si élégant. Tellement… gentleman !

Et que dire de Brett Sinclair (affectueusement brocardé par Danny Wilde qui l'appelle régulièrement « Ton altesse ») prêt à sauver la veuve et l'orphelin (en Ferrari, tout de même…) dans *Amicalement vôtre* ? De Matthew McConaughey et Hugh Grant à l'affiche du bien nommé *The Gentlemen* ? Ou de Bond, James Bond, qui, appuyé sur l'aile de son Aston Martin, déguste son martini « mélangé au shaker et non à la cuillère ». Tous des gentlemen.

Élégant sans être dandy, distingué sans être pédant, poli sans être obséquieux, cultivé sans être snob, à l'aise partout et attentif aux autres, le gentleman est caractérisé, selon William Lyon Phelps, par « son respect pour ceux qui ne peuvent lui être d'aucune aide ».

Jadis, des deux côtés de la Manche, le mot « gentleman » était réservé à ceux qui avaient une bonne position sociale. Les choses ont évolué. Être fortuné, bien habillé, socialement bien positionné et bel homme ne suffit plus à faire d'un homme un gentleman. Mais aujourd'hui comme hier, le gentleman suit des règles et des codes qui font que, bien ancré dans son époque et très moderne, il continue à séduire et à fasciner.

Et vous ? Si vous deveniez aussi un gentleman du XXIe siècle ?

◇∘ Leçon n° 1 ∘◇

LE GENTLEMAN (SE) PRÉSENTE BIEN

Un gentleman est respectueux des autres : des personnes qu'il aimerait inviter à sortir jusqu'aux personnes âgées qui ont besoin d'aide pour porter leurs courses. Se connaissant bien, il fait preuve de maturité en restant courtois en toutes circonstances. Et même si certains de ses proches s'imaginent que la galanterie fait partie d'une politesse désuète, il marque sa différence en faisant l'effort (mais en est-ce un pour le gentleman ?) d'entretenir respect et attention par une multitude de petites attentions…

Prenant soin de son apparence – des soins de beauté et d'hygiène corporelle jusqu'aux accessoires en passant par les vêtements –, le gentleman présente bien. Et il se présente bien aussi. Il sait comment serrer la main des personnes qu'il rencontre : en les regardant droit dans les yeux, en saisissant leur main franchement. Fermement. Ni trop fort (une poignée de main n'est pas une partie de bras de fer au comptoir d'un bistrot), ni de façon mollassonne.

Face à une femme, le gentleman *old school* se lance et se présente en souriant : ça ne coûte rien, et c'est plus engageant. De cette façon elle n'aura plus qu'à saluer et se présenter à son tour, si elle le souhaite. Mais un vrai gentleman sait aussi s'adapter à l'air du temps et laisser les relations humaines se faire naturellement.

Un gentleman, c'est quelqu'un qui sait jouer de la cornemuse et qui n'en joue pas.

Pierre Desproges

Le parfait gentleman se résigne très volontiers à se taire. Il connaît le proverbe arabe « La parole est d'argent, mais le silence est d'or ». Ne rien dire, en beaucoup de circonstances, vaut mieux que parler, et, dans le monde, s'abstenir est sage.

Théophile Gautier, dans *Le Parfait Gentleman*

◇◦Leçon n° 2◦◇

LE GENTLEMAN EST UN HOMME À L'ÉCOUTE

Le gentleman est un homme à l'écoute des autres. De la femme avec laquelle il dîne, au client avec lequel il est en affaires en passant par l'ami avec lequel il passe une agréable soirée.

Aux antipodes de l'horripilant « monsieur je-sais-tout » qui crispe les hommes autant qu'il agace les femmes, le gentleman pratique une écoute attentive. Une véritable arme de séduction massive qui ne laisse aucun de ses interlocuteurs indifférents. Ni les hommes, ni les femmes.

Monopoliser la conversation ? Ce n'est pas son genre. Couper systématiquement la parole à l'autre ? Ce n'est pas du tout sa tasse de thé. Au contraire, il joue habilement d'un beau numéro d'équilibriste : il affirme sa personnalité, mais reste d'une élégante discrétion. Il met son interlocuteur à l'aise. Il s'intéresse à ses propos même s'ils sont loin de ses centres d'intérêt. Il pose les bonnes questions au bon moment. Il construit un dialogue intéressant et valorisant pour chacun. Et lors d'un tête-à-tête amoureux, il amène l'autre à s'exprimer avec un double sentiment de confiance et de liberté.

En un mot (ou presque...) : le gentleman ne s'écoute pas parler. Il écoute et donc valorise les autres. Ce qui renforce son pouvoir de séduction.

Leçon n° 3

LE GENTLEMAN S'ADAPTE À SON ENVIRONNEMENT

Jadis, le gentleman était caractérisé par sa position sociale et sa bonne fortune. C'était un gentleman de classe, de caste. Ce n'est plus vrai aujourd'hui. La position sociale élevée, l'aisance financière et une « belle gueule » ne font plus partie des critères pour être un gentleman. La noblesse de sang a cédé la place à la noblesse de sentiments. Ce qu'a bien compris l'acteur Simon Baker, vedette de la série *Le Mentaliste* et égérie du parfum... *Gentleman only* (ça ne s'invente pas !). À la question de savoir si le héros qu'il interprétait était un gentleman, il a répondu : « Oh non ! Il est beaucoup trop bavard et égoïste ! ». On l'a compris : être beau et populaire, avoir un travail de rêve et du style ne suffisent plus pour être un gentleman.

Moderne et *trendy*, le gentleman du XXIe siècle se définit par son attitude, son comportement. Et sa faculté – précieuse ! – à pouvoir s'adapter à n'importe quel environnement sans en faire trop, à s'adapter à celles et ceux qui l'entourent. Ouvert d'esprit, curieux des autres, appréciant les interactions avec autrui, il est hyperconnecté, mais connecté à la réalité. Dans le cadre de sa vie professionnelle, de ses loisirs et de ses vacances, de sa vie privée, peu importe : il s'adapte afin de se sentir bien partout et afin que chacun puisse se sentir bien avec lui.

L'aventurier, comme l'artiste et peut-être comme le gentleman, n'appartient à aucune classe. Il s'accommode aussi bien du sans-gêne d'un rustre que de l'étiquette des cours.

William Somerset Maugham, dans *L'Envoûté*

Un gentleman est quelqu'un qui ne blesse jamais les sentiments d'autrui sans le faire exprès.

Oscar Wilde

◇∘ Leçon n° 4 ∘◇

LE GENTLEMAN CULTIVE SES AMITIÉS

Privilégiant une discrétion qui flirte avec l'élégance, le gentleman est cependant un formidable animal social, qu'il s'agisse de son univers professionnel ou de sa sphère privée où il adore cultiver ses amitiés.

Alors que beaucoup d'hommes hésitent à se confier à leurs amis, alors qu'ils craignent d'être en position de faiblesse s'ils se laissent aller à quelques confidences, alors qu'ils ont peur de porter atteinte à leur ego s'ils dévoilent leurs sentiments, leurs joies ou leurs angoisses, le gentleman évite habilement ce piège.

Aussi confiant en lui-même qu'en ses amis, il n'hésite pas à se confier tout en restant attentif et à l'écoute : pour lui, l'amitié est une voie qui ne s'envisage qu'à double sens. Ce qui est d'autant plus facile que ses amis sont des personnes exceptionnelles. Forcément, puisqu'il les a choisis et qu'ils l'ont choisi.

Le gentleman est un homme à qui on peut accorder toute sa confiance : il ne va jamais risquer de faire du tort à la personne élue de son cœur en franchissant la frontière – parfois ténue – qui sépare l'amitié de l'amour. Pas de crainte à avoir : le gentleman est aussi fidèle en amour qu'en amitié.

◇∘Leçon n° 5∘◇

LE GENTLEMAN PARTICIPE AUX TÂCHES MÉNAGÈRES

Le gentleman n'hésite pas à mettre la main à la pâte : la pâte à modeler pour jouer avec ses enfants ou la pâte à crêpe, à pain ou à pizza pour régaler la famille. Oui, le gentleman aime passer du temps en famille et en cuisine.

Aux fourneaux, il apprécie autant préparer la table quotidienne que mitonner un délicat repas pour un tête-à-tête romantique. Maîtrisant aussi bien les sauces, les cuissons que les assaisonnements, il est à l'aise en cuisine. Quand il délaisse sa toque de chef, il troque le mixeur pour l'aspirateur ou le cageot de légumes pour la panière de linge. Il participe aux courses du ménage, à l'éducation des enfants et à l'organisation sociale du couple. Il se veut un homme disponible, complet et présent, rejoignant ainsi les 46 % d'hommes qui, selon un sondage réalisé pendant les confinements, estiment que les deux membres du couple consacrent autant de temps aux tâches ménagères et éducatives. C'est en tout cas ce qu'ils pensent. Mais 58 % des femmes estiment à juste titre faire le plus gros du boulot dans les couples hétérosexuels…

Peut-être qu'elles ne vivent pas avec un gentleman pour qui ces tâches – les tâches partagées – n'ont (quasiment) aucun secret. Quel bonheur ! N'est-il pas craquant avec le balai, la raclette à vitre ou le fouet (de cuisine, bien sûr…) à la main ?

Un gentleman est un monsieur qui se sert
d'une pince à sucre, même lorsqu'il est seul.

Alphonse Allais

Être un homme est une question de naissance.
Être un homme est une question d'âge.
Mais être un gentleman est une question de choix.

Vin Diesel

◇∘Leçon n° 6∘◇

LE GENTLEMAN S'HABILLE AVEC ÉLÉGANCE

Le gentleman n'achète pas des frusques, il enrichit sa garde-robe. Le gentleman n'enfile pas des fringues, il sélectionne ses vêtements du jour. Le gentleman ne s'attife pas, il s'habille. Et en plus, il adore ça !

Son style, teinté tout à la fois d'élégance et de discrétion, fait partie intégrante de sa personnalité. Il est parfaitement adapté à son état d'esprit, à son comportement et à son physique. Conscient de son corps, il sait choisir les vêtements qui le mettent parfaitement en valeur. Il ne sera jamais à l'étroit dans un pull de mauvaise coupe, fût-il en cachemire. Son pantalon ne jouera jamais de l'accordéon sur ses chevilles. Son veston ne semblera jamais taillé pour son frère (petit ou grand).

Pour lui, bien s'habiller est naturel. Sa garde-robe repose sur quelques codes simples, alliant le classicisme à une certaine prise de risque qui lui permet de se démarquer avec raffinement du commun des mortels. Sans vouloir devenir une gravure de mode (dans le sens péjoratif du terme), sans être dandy non plus, il adapte sa tenue en fonction des circonstances et a toujours l'air fringant.

Aussi bien dans sa peau que dans ses vêtements, le gentleman dégage une image raffinée qui ne laisse personne indifférent.

◇∘ Leçon n° 7 ∘◇

LE GENTLEMAN ADOPTE LES ACCESSOIRES

Les vêtements font le gentleman. Les accessoires font le gentleman élégant ! Le gentleman adore personnaliser ses tenues d'accessoires choisis avec un goût très sûr.

Le couvre-chef exprime sa personnalité, le nœud papillon ou la cravate ajoutent une touche d'originalité à une chemise habillée ou décontractée, tandis que la veste de costume est mise en valeur par la pochette qui se pare d'une variété quasi infinie de tissus, motifs et couleurs, et par les boutons de manchette au charme vintage et luxueux. La montre de qualité (ou plutôt les montres, car le gentleman harmonise sa montre aux autres accessoires) et la bague – soit simple anneau apportant un peu de brillance, soit rehaussée d'une pierre – retiennent l'attention. Quant à la ceinture en cuir, sa boucle et ses ornements s'accordent aux autres accessoires en métal. Enfin, le portefeuille est choisi en fonction des circonstances pour son côté élégant et professionnel ou pour son aspect décontracté…

Tous ces éléments font écho aux lunettes de soleil à verres noirs ou gris qui s'accordent à toutes les tenues, à l'écharpe qui complète un look décontracté ou habillé, au sac à bandoulière pratique et élégant…

Le gentleman dissémine les accessoires pour affirmer son style, mais sans en abuser : le côté *bling-bling*, ce n'est pas pour lui.

Le véritable gentleman est celui qui appelle toujours un chat un chat, même lorsqu'il trébuche dessus et qu'il tombe.

Marcel Achard

Galant homme : suivant les circonstances, prononcer galantuomo ou gentleman.

Gustave Flaubert, dans *Dictionnaire des idées reçues*

◇∘Leçon n° 8∘◇

LE GENTLEMAN PREND SOIN DE LUI

L'image qu'un homme renvoie est le premier élément étudié par l'autre : relation d'affaires, ami, vague connaissance ou flamme avec laquelle il est possible de nouer un lien sentimental. Conscient de cette réalité, le gentleman accorde une grande importance à son apparence. Il prend soin de lui. Et il adore ça !

S'asperger de déodorant au lieu de passer sous la douche, se passer la main dans les cheveux au lieu d'utiliser le peigne, laisser proliférer zones grasses sur la peau… Ce n'est pas son style !

Prendre soin de lui est une priorité. Il se confie aux mains du coiffeur, du barbier ou de l'esthéticienne, passe du temps à la salle de sport et au centre de bien-être tout en alignant les soins de beauté dans sa salle de bains.

Ainsi, il soigne sa barbe. Plus qu'une lubie esthétique, c'est pour lui le symbole d'un mode de vie. Shampouinée, taillée, dessinée, elle est le gage d'un look assumé. Même attention pour les cheveux : shampoing, après-shampoing et soins font partie de sa routine. Bien hydratée et soignée, sa peau respire la bonne santé : gommage et crème y sont bien sûr pour quelque chose.

Parfums, eaux de toilette et soins divers définissent une vision – sa vision ! – de la beauté masculine, affirmée et audacieuse, ancrant le gentleman dans le XXIe siècle et l'hypermodernité.

LE GENTLEMAN FAIT PREUVE D'ÉLOQUENCE

Accordant de l'importance aux autres, le gentleman pratique l'écoute attentive. Il ne manque pourtant pas de conversation et son éloquence est reconnue.

Discuter, le gentleman adore ça, à condition d'éviter certains sujets – commérages, médisances, potins, rumeurs – qu'il fuit comme la peste. Ouvert d'esprit, il conserve cependant des standards élevés qui font sa différence. Il sait qu'il n'y a rien de moins élégant que de parler de choses qui ne sont pas fondées ou qui ne le concernent pas. Conversation, oui. Bla-bla, non.

Ni tchatcheur, ni bonimenteur, le gentleman n'est pas égocentrique et peut parler d'autre chose que de lui. Il s'adapte à chaque sujet de conversation digne d'intérêt et à chaque public. Il prend ses interlocuteurs et interlocutrices en considération tout en évitant les sujets qui les mettent mal à l'aise. Il les écoute attentivement sans chercher à leur couper systématiquement la parole.

Au contraire, il refuse de transformer une conservation en monologue et n'hésite pas à céder la parole. C'est l'échange qui l'intéresse et le motive. Lorsqu'il prend la parole, en parlant lentement et en articulant, il reste mesuré dans ses propos et dans son ton. Il ne se laisse pas aller à la grivoiserie ou aux cancans. Certes, comme tout le monde, il en entend, mais il n'y participe jamais et ne les répercute pas.

Gentleman une fois, gentleman pour toujours.

Charles Dickens, dans *La Petite Dorrit*

Le parfait gentleman doit avoir profondément le sentiment de sa dignité et respecter l'être humain dans sa personne. Il accorde à chacun ce qui lui est dû, pour que chacun lui accorde ce qu'il lui doit. Rien de plus, rien de moins. C'est la base de la véritable politesse.

Théophile Gautier, dans *Le Parfait Gentleman*

◇◦ Leçon n° 10 ◦◇

LE GENTLEMAN FAIT DE LA POLITESSE UN ART DE VIVRE

« Rétines et pupilles / Les garçons ont les yeux qui brillent / Pour un jeu de dupes / Voir sous les jupes des filles ». Tout le monde a encore en tête ce tube signé Alain Souchon. Le gentleman aussi. Mais ce n'est pas pour ça qu'il se l'applique comme un mode de vie. Attentif aux autres, il a élevé la politesse au rang d'art de vivre. Il passe donc devant les femmes dans les escaliers pour éviter que son regard se perde sous leurs jupes. En revanche, il ne les précède jamais en passant une porte, au risque d'oublier sa compagne qui pourrait bien se prendre le retour de battant en pleine figure. Du point de vue de la galanterie, on a déjà vu mieux.

Cela peut sembler de petits gestes courtois désuets voire d'un autre âge. Ils font pourtant partie d'une politesse hypermoderne et du charme du gentleman.

En cours de discussion, il ne laisse pas ses émotions dicter ses paroles. Il sait se faire comprendre sans hausser le ton. C'est l'une de ses forces et c'est ce qui fait qu'on l'écoute. Qu'il soit énervé, irrité, agacé ou contrarié, il n'injurie jamais, les insultes étant totalement contraires à ses principes, à sa philosophie de vie. Son vocabulaire est assez riche pour pouvoir exprimer ses émotions avec un langage châtié et choisi.

THE GENTLE ATTITUDE

L'art d'être un gentleman n'est pas difficile !

C'est ce que dit en substance la baronne Nadine de Rothschild qui, dans son ouvrage *Le Bonheur de séduire, l'art de réussir : le savoir-vivre au XXIe siècle*, rappelle toutefois qu'être un gentleman nécessite de l'entraînement, une compréhension des règles et une maîtrise de soi.

Déplorant le fait que la galanterie et la politesse se perdent inexorablement, elle constate qu'il n'est pas aisé pour un homme de se plier à des règles de savoir-vivre que certains pourraient juger dépassées. À tort, bien entendu.

Un gentleman privilégie un code de conduite bien précis sans pour autant faire n'importe quoi pour correspondre à un cliché ou plaire aux autres. Politesse, galanterie moderne, écoute… font écho aux amitiés, à une bonne adaptation à son environnement et à une élégance qui, au XXIe siècle, n'a rien perdu de sa pertinence. Passée l'impression de déjà vu, il dévoile une personnalité bien de son temps, assumant une certaine virilité et son envie de plaire.

Il faut trois générations pour faire un gentleman.

Jacques Ier d'Angleterre

Direction de la publication : Isabelle Jeuge-Maynart et Ghislaine Stora

Direction éditoriale : Émilie Franc

Direction artistique : Géraldine Lamy

Conception graphique et mise en page : Carl Brand

Couverture : Frédéric Manlay

Fabrication : Donia Faiz

Illustrations : © Shutterstock

ISBN : 978-2-03-604775-4

Imprimé en RPC

Dépôt légal : septembre 2023

334019/01 – 11053050 – juin 2023